# BEI GRIN MACHT SICH IHR WISSEN BEZAHLT

- Wir veröffentlichen Ihre Hausarbeit, Bachelor- und Masterarbeit

- Ihr eigenes eBook und Buch - weltweit in allen wichtigen Shops

- Verdienen Sie an jedem Verkauf

## Jetzt bei www.GRIN.com hochladen und kostenlos publizieren

Steven Lehmann, Oliver H.

# Nationalsozialistische Außenpolitik. Strategie oder Kalkül?

GRIN Verlag

**Bibliografische Information der Deutschen Nationalbibliothek:**

Die Deutsche Bibliothek verzeichnet diese Publikation in der Deutschen National-
bibliografie; detaillierte bibliografische Daten sind im Internet über http://dnb.d-
nb.de/ abrufbar.

**Impressum:**

Copyright © 2013 GRIN Verlag GmbH
Druck und Bindung: Books on Demand GmbH, Norderstedt Germany
ISBN: 978-3-656-49750-9

**Dieses Buch bei GRIN:**

http://www.grin.com/de/e-book/233398/nationalsozialistische-aussenpolitik-strategie-
oder-kalkuel

# Die Nationalsozialistische Außenpolitik (1933-1939): Strategie oder Kalkül?

Geschichte 13 BG

Von

Oliver H. und Steven Lehmann

# Gliederung

# Die NS-Außenpolitik:
# Strategie oder Kalkül?


# 1. Einleitung

Unsere Hausarbeit handelt von der nationalsozialistischen Außenpolitik unter der Leitung Hitlers während seine Kanzlerschaft. Im Folgenden wollen wir nun die außerpolitischen Ereignisse wiedergeben und erörtern, inwiefern die Entscheidungen und Handlungen des NS-Regimes als strategisch oder kalkulatorisch einzuschätzen sind. Um diese Fragestellung am Ende auch richtig beantworten zu können, möchten wir zunächst die doch sehr ähnlichen Begriffe, Strategie und Kalkül, genauer erläutern um sie besser voneinander unterscheiden zu können.


# Definition

Kalkül bedeutet, dass etwas im Voraus überlegt, ein- bzw. abgeschätzt oder berechnet wird. Bei der Strategie handelt es sich um einen *„genauen Plan des eigenen Vorgehens, der dazu dient, ein militärisches, politisches, psychologisches, wirtschaftliches o. ä. Ziel zu erreichen, und in dem man diejenigen Faktoren, die in die eigene Aktion hineinspielen könnten, von vornherein einzukalkulieren versucht.“*[1]

Der Unterschied liegt somit klar auf der Hand. Ein strategisches Vorhaben ist in der Regel bis ins kleinste Detail durchdacht und geplant, während beim Kalkül Sachverhalte auf einer mehr oberflächlichen Basis eingeschätzt werden.

Ob Hitlers außenpolitische Schachzüge zum Erreichen seiner Ziele nun genauestens überlegt oder doch eher waghalsig und unausgereift waren, wird nun im Folgenden behandelt.

---

[1] http://www.duden.de/rechtschreibung/Strategie

# 2. Zusammenfassung der Geschehnisse von 1933 bis 1939

In diesem Teil unserer Arbeit befassen wir uns mit allen außenpolitischen Aspekten der Nationalsozialisten.

Bereits vor Hitlers Machtergreifung äußert dieser seine Ziele in seinem 1926 erschienenem Bestseller „Mein Kampf". Der zweite Teil folgte nur ein Jahr später und ist wie der Vorgänger in fast jedem Haushalt der damaligen Zeit zu finden.[2] In seinem Buch spricht er seine ideologischen und radikalen Ziele an, die er verfolgt. Zum einen möchte er eine imperialistische Politik errichten und will den Versailler Vertrag revidieren um Deutschland wieder wirtschaftlich und militärisch stark zu machen. Sein Hauptaugenmerk liegt allerdings auf der Ausrottung des Judentums und der Verbreitung der arischen Rasse in den östlichen Gebieten, welche allerdings die zuvor genannten Punkte voraussetzen. Dies bestätigt auch Andreas Hillgruber in seinem Werk „Deutschlands Rolle in der Vorgeschichte der beiden Weltkriege": „Auch die weitreichenden machtpolitischen Zielsetzungen der Hitlerschen Außenpolitik waren dem zentralen Ziel untergeordnet, den jüdischen „Todfeind" zu vernichten."[3] Langfristig betrachtet, plant Hitler sogar die USA als Weltmacht abzulösen, so dass das Deutsche Reich als alleinige Weltmacht bestehen soll.

Ein Auszug aus Hitlers „Mein Kampf", „Deutschland wird entweder Weltmacht oder überhaupt nicht sein", spiegelt sehr gut dieses programmatische Vorhaben wider. Er will Deutschland, langsam aber sicher, zur Weltmacht führen. Da er aber davon überzeugt ist, dass Deutschland erst nach seinem Ableben den Entscheidenden Kampf gegen Amerika um die Weltherrschaft bestreiten wird, will er die nötigen Voraussetzungen und Verhältnisse schaffen damit es zu so einem Kampf der für ihn bedeutendsten Weltmächte kommt.[4]

Obwohl Hitler seine extreme und radikale Weltanschauung so offen dar legt, wird sie überhaupt nicht ernst genommen und als zu unrealistisch eingestuft. Zusätzlich gibt

---

[2] Othmar Plöckinger: Geschichte eines Buches: Adolf Hitlers „Mein Kampf" 1922–1945; Seite 183ff.
[3] Andreas Hillgruber; Deutschlands Rolle in der Vorgeschichte der beiden Weltkriege, Göttingen 1967 Seite 68
[4] Andreas Hillgruber; Deutschlands Rolle in der Vorgeschichte der beiden Weltkriege, Göttingen 1976 Seite 68

Hitler in seinen Reden vor, friedliche Ziele zu verfolgen und lenkt somit alle anderen von seinen eigentlichen Zielen ab, von denen er nie abgerückt ist.

Im Jahre Hitlers Kanzlerschaft, 1933, kommt es zu den ersten außenpolitischen Handlungen der Nationalsozialisten. Deutschland tritt aus dem Völkerbund aus. Damit ist Deutschland nicht mehr an die Regeln der internationalen Vereinigung gebunden und hat, was die Rüstungspolitik betrifft, alle Freiheiten.

Im Jahre 1934 schließt Deutschland einen Nichtangriffspakt mit Polen ab. Ziel ist es, dass sich Polen sicherer fühlt und Deutschland nicht als Bedrohung ansieht. *„Im Nachhinein stellt sich heraus, dass Hitler diesen Vertrag nur als taktische Maßnahme ansieht und ihm keine bindende Kraft zumisst."* [5]

Denn durch diese vermeintlichen Friedensabsichten wiegt er seine Feinde in Sicherheit und ermöglicht dadurch ein ungestörtes wirtschaftliches und militärisches Wiederaufrüsten, ohne Opfer eines möglichen Präventivangriffs zu werden.

Dennoch fühlen sich Frankreich, die Sowjetunion und die osteuropäischen Staaten durch den Nichtangriffspakt zwischen Deutschland und Polen vom 26.01.1934 bedroht. Hitlers Ablehnung gegenüber einem kollektiven Ostpakt mit Frankreich und der Sowjetunion lässt diese stutzig werden. Sie schließen daher selbst Bündnisse, unter anderem die „Kleine Entente" und die „Balkanentente", während zugleich die Sowjetunion dem Völkerbund beitritt. Ziel dieser Bündnisse ist es, Deutschland wieder zu isolieren, welches auch vorerst erreicht wird.

Mit der Saarabstimmung vom 13.01.1935 verbessert sich die außenpolitische Situation wieder etwas. In dieser Abstimmung kann Hitler nämlich erreichen, dass das Saargebiet nicht länger unter der Kontrolle des Völkerbundes stand, sondern wieder Anschluss an das Deutsche Reich gewinnt.

Im gleichen Atemzug ordnet Hitler den Aufbau einer Luftwaffe an und führt im März 1935 die allgemeine Wehrpflicht ein. *„Dieser Schritt ist ein erster offener Bruch des Versailler Vertrages und insofern ein Risiko".* [6] Dennoch stößt Hitler mit seinen Maßnahmen nur auf wenig Protest seitens der einstigen Siegermächte. Darüber hinaus kann er mit England ein Flottenabkommen vereinbaren, welches den Irrglauben von Hitlers Friedenspolitik weiter stärkt. In dieser Vereinbarung wird

---

[5] Albrecht Sellen: Geschichte 2; kurz & klar, Auer; Seite 120, Zeile 14f.
[6] Albrecht Sellen: Geschichte 2; kurz & klar, Auer; Seite 120, Zeile 40, 41.

festgelegt, dass Deutschland halb so viele Schiffe und fast genauso viele U-Boote wie England besitzen darf.

Im weiteren Verlauf des Jahres 1935 rückt Deutschland immer näher an Italien heran und unterstützt die Italiener mit Kohlelieferungen während der italienischen Besetzung Äthiopiens. Mit diesem Schritt umgeht Hitler ein Boykott des Völkerbundes gegenüber Italien. Aufgrund innerpolitischer Probleme Frankreichs und den zuvor erzielten Erfolgen in Sachen Friedensbeteuerung, fühlt er sich in seinem ganzen Vorhaben bestätigt und geht wieder einen Schritt weiter, nämlich mit der Besetzung des Rheinlandes am 07.03.1936. Obwohl das Rheinland als entmilitarisierte Zone im Versailler Vertrag festgelegt wurde, wird seine Besetzung von den anderen Großmächten protestlos hingenommen. Hitler ist nun vollkommen überzeugt von seinen Plänen.

Deutschland ist aber nach dem Austritt aus dem Völkerbund immer noch weitestgehend politisch isoliert und sucht daher nach weiteren Bündnispartnern. Mit dem „Antikominternpakt" vom 25.11.1936 ist der erste Pakt mit einer asiatischen Großmacht beschlossen, nämlich Japan. Weitere Länder schließen sich dem Militärvertrag an, der sich gegen die Sowjetunion und ihre kommunistische Politik stemmt. Zuerst tritt Italien bei, 1939 folgen Ungarn und Spanien.

Hitlers Pläne sehen vor, spätestens im Jahre 1943 den Krieg zu beginnen. Daher fängt er schon 1936 an gezielt Vorbereitungen für den anstehenden Krieg zu treffen. Grundlegend für diese Vorbereitungen ist Hitlers Vierjahresplan, der die Wirtschaft bis 1940 kriegstauglich machen soll. Darüber hinaus soll im Westen, entlang der Grenze zu Frankreich, Befestigungsanlagen errichtet werden. Dieser Aufbau der sogenannten „Siegfriedlinie" wird erst durch die Besetzung des Rheinlandes ermöglicht. Um auch die Ostflanke zu stärken, plant Hitler ebenfalls Österreich und die Tschechoslowakei zu besetzen. Ein nicht zu vernachlässigender Aspekt der Kriegsvorbereitungen ist es aber auch, Kriegsverbündete zu finden und Bündnisse mit ihnen schließen, was Hitler mit Japan und Italien schon erreichen konnte.

Reichskriegsminister von Blomberg und der Oberbefehlshaber des Heeres von Fritsch sehen Hitlers Vorhaben im Osten als gefährdet an, da sie ihrer Meinung nach aus plausiblen, militärischen Gründen riskant sind. In dieser sogenannten Fritsch-Blomberg-Krise veranlasst Hitler die Entlassung der beiden Militärgeneräle, indem er sie brüskiert und öffentlich bloß stellt. Er beseitigt somit die Opposition und erhält selbst den Oberbefehl über die Wehrmacht.

Sein nächstes Ziel ist nun die Annektierung Österreichs. Hitler übt daher Druck auf Österreichs Regierung aus, in dem er die Beteiligung der österreichischen Nationalsozialisten, die DNSAP, an der Regierung fordert. So gelingt es, die Regierung an den DNSAP-Innenminister zu übertragen, woraufhin am 14. März 1938 deutsche Truppen in Österreich einmarschieren.

Wie schon zuvor bleibt der Protest der alten Siegermächte aus und so kann sich Hitler dem Anschluss der Tschechoslowakei widmen. Aufgrund der dort lebenden Sudetendeutsche, die rund ein Viertel der Bevölkerung ausmachen, fordert er die Abtretung des Sudentenlandes und droht mit militärischen Konsequenzen bei Ablehnung dieser Forderung. Man steht am Rande eines Krieges, weshalb am 29.09.1938 eine Viermächtekonferenz zwischen Deutschland, Italien, England und Frankreich einberufen wird. Mit dem Münchener Abkommen fiel die Entscheidung zugunsten des deutschen Reiches aus, das sich so Schritt für Schritt vergrößert. *„Ein halbes Jahr später erreicht Hitler auch die kampflose Rückgabe des Memellands, das nach dem Ersten Weltkrieg an die Alliierten abgetreten und von Litauen annektiert worden war"*[7].

Ein Hauptgrund dafür, dass man Deutschland diese Gebiete zugesteht, ist die von der Englischen Regierung verfolgte Appeasement-Politik, die sogenannte „Beschwichtigungspolitik", die sich vor allem durch das Bedürfnis nach Sicherheit und dem fehlerhaften Einschätzen von Hitler und seinen Zielen charakterisiert. So geraten die Engländer nämlich in den Irrglauben, Hitler durch diese Zugeständnisse, wie dem Münchner Abkommen, besänftigt zu haben und somit einen Weltfrieden zu ermöglichen. Englands Wirtschaft ist geschwächt und befindet sich in der Wiederaufbauphase, weshalb sie unbedingt einen Weltkrieg vermeiden wollen.

Doch im März 1939 beginnt Hitler offener mit seinen imperialistischen Zielen umzugehen und besetzt die Tschechoslowakei. Dies ist ein eindeutiges Indiz für Deutschlands Expansionspolitik, die allerdings jetzt erst erkannt wird. So entfernt sich England von seiner Appeasement-Politik und versucht zusammen mit Frankreich und einer Garantieerklärung der polnischen Grenzen Hitler in seinem weiteren Vorhaben

---

[7] Albrecht Sellen: Geschichte 2; kurz & klar, Auer; Seite 122, Zeile 40f.

aufzuhalten. Hitler steht sich also einem Ultimatum gegenüber. *„Ein Angriff auf Polen würde danach zum Kriegseintritt der Garantiemächte führen"*[8]. Doch diese Maßnahme kommt zu spät. Hitler ist durch die bisherigen Erfolge so beflügelt, dass er nicht mehr von ihnen abrücken wird. Er geht sogar davon aus, dass die Westmächte ihn nur einzuschüchtern versuchen und ohnehin wieder nachgeben werden. Ein Irrglaube, der bald darauf zum Ausbruch des Zweiten Weltkriegs führen sollte.

Durch diesen Konflikt fühlt sich Stalin von Deutschland und den Westmächten umworben und versucht möglichst viel Kapital aus der Situation zu schlagen. Da aber die Westmächte zögern, gelingt es Hitler den Hitler-Stalin-Pakt abzuschließen, welcher einen gegenseitigen Gewaltverzicht beschließt. Polen wird aufgeteilt und Hitler überlässt Stalin die baltischen Staaten.

Vorwand für den Angriff auf Polen am 01.09.1939 ist ein vorgetäuschter Überfall polnischer Truppen auf einen deutschen Sender. Somit beginnt zwei Tage nach diesem „Überfall" der Zweite Weltkrieg, durch die Kriegserklärung von England und Frankreich an Deutschland.[9]

---

[8] Albrecht Sellen: Geschichte 2; kurz & klar, Auer; Seite 122, Zeile 43f.
[9] Der Jugend Brockhaus, Band 2, 2005, Seite 319

# 3. Ergebnisauswertung

Kommen wir nun zum letzten und wichtigsten Teil unserer Hausarbeit. In diesem Fazit werden wir versuchen, unsere Fragestellung zu beantworten. Jedoch ist eins von Anfang an klar: Unsere Frage lässt sich nicht mit einhundertprozentiger Genauigkeit beantworten, da es auch immer im Auge des Betrachters liegt, in wie weit man welches Ereignis man als exakte Strategie oder nur als gut kalkulierten Plan bezeichnet.

Fakt ist, dass Hitler bis zum Angriff auf Polen am 01.09.1939 eine geheime Doppel-Strategie verfolgte, indem er nicht seine wahren Absichten offenbart, und seine Gegner mit Friedensabsichten[10] hinters Licht führte (Siehe Karikatur Anhang Seite 11). Dass Hitler von seiner Strategie fest überzeugt war und sie somit für fehlerfrei hielt, lässt sich vor allem in seinem fanatischen Werk „Mein Kampf" und auch im „Offenen Brief", in dem er seine außenpolitischen Ziele äußert, erkennen[11]. Einige Ziele Hitlers waren trotz gewaltiger Taktiken nicht umsetzbar, weil es zum Beispiel an den Reichsfinanzen scheiterte[12][13]. Somit war es unmöglich, dass die Nationalsozialisten ihre komplette Strategie in Vorhinein geplant hatten. Vermutlich ist so ein Großteil dieser geheimen Strategie erst im Laufe der Zeit entstanden, sodass es nahe liegt, dass Hitler nicht nur während dem zweiten Weltkrieg, sondern schon in der Zeit davor viel improvisierte. Jedoch war nach dem Beginn des zweiten Weltkriegs, der offensive Charakter seiner Politik enthüllt. Ab diesen Zeitpunkt kann man nichts mehr als Strategie bezeichnen, da mit der Offenbarung seiner Pläne das damit verbundene Kalkül eintritt. Dieses Risiko mit zu vielen unbekannten Faktoren – Krieg und Kriegsablauf können zum Beispiel vom Wetter oder Naturkatastrophen völlig außerplanmäßig ablaufen - zudem die unrealistischen, größenwahnsinnigen Vorstellungen Hitlers machten trotz zahlreicher Pläne und Berechnungen die NS-Außenpolitik zu einem nicht vorhersehbaren Ablauf. Hauptaugenmerk liegt dabei auf den Erfolgen, die Hitler am Beginn seiner außenpolitischen Aktionen bestärkten und somit seine anfangs erfolgreiche Strategie bestätigen. Jedoch wuchsen mit

---

[10] Leo Trotzki: „Pazifist Hitler" erschienen am 30. Dezember 1933 in: »Die Neue Weltbühne«, Nr. 48
[11] Leo Trotzki: „Pazifist Hitler" erschienen am 30. Dezember 1933 in: »Die Neue Weltbühne«, Nr. 48
[12] Nach Kellerbenz, Hermann (1981); S. 462-463 -
http://www.sgipt.org/politpsy/finanz/schuldp/hitler.htm#Datenquelle
[13] Walther Hofer: „Der Nationalsozialismus" Dokumente 1933-1945, Seite 324ff.

zunehmendem Gebietsgewinn auch seine Größenwahn und seine Risikobereitschaft und die Taktik der Nationalsozialisten wurde mehr und mehr zu gewagten Kalkül.

Unter anderem sagt der leitende Redakteur von „Die Welt" in der Ausgabe von 23.08.2011, dass ein „Irrsinniges Kalkül zum Hitler-Stalin-Pakt (1939) führte". Dieser Vertrag zwischen Deutschland und der Sowjetunion beruhe laut Berthold Seewald auf „grotesken Fehleinschätzungen Hitlers"[14]. Unter anderem beruft sich Seewald auf den Geschichtswissenschaftler Hillgruber, und sagt, dass Hitler diesen Pakt notgedrungen eingegangen ist, da ihm in der geheimen Zusatzklausel wichtige, benötigte Geld-und-Kriegslieferungen zugesichert werden.

Somit lässt sich zum Schluss sagen, dass die Außenpolitik der Nationalsozialisten Strategie und auch Kalkül war, aber vor allem gegen 1939 hin mehr gewagt, als geplant. Trotzdem lässt dies sich nicht so einfach behaupten, da zu viele verschiedene Faktoren Einfluss nehmen. Unter anderem auch Glück, dass weder abgeschätzt noch geplant werden kann, da die Gegner Deutschlands nicht bzw. erst zu spät, also nach dem Angriff auf Polen, aufwachten. Zudem hätten die Gegenspieler Deutschlands sich eher mit den Plänen ihres zukünftigen Feindes beschäftigen sollen und müssen. Sie hätten nicht blind auf die Aussagen von Hitler und weiteren NS-Führungspositionen vertrauen sollen. Bezüglich dessen hätte Hitlers Strategie schon mit dem Austritt aus dem Völkerbund und dem Beginn der massiven Aufrüstung auffliegen müssen.

---

[14] Berthold Seewald in „Die Welt" von 23.08.2011 zum Thema „Zweiter Weltkrieg". Druckausgabe, sowie Onlineversion

# 4. Quellenverzeichnis

- Amerikanischen Karikatur „Friedenstaube" vom 17.05.1933 auf dem Deckblatt: http://geschichtelk.wordpress.com/tag/hitler/ [03.09.2013 18:52]
- Seite 3: http://www.duden.de/rechtschreibung/Strategie [03.09.2013 18:53]
- Seite 4: Othmar Plöckinger: Geschichte eines Buches: Adolf Hitlers „Mein Kampf" 1922–1945; Seite 183ff.

  Albrecht Sellen: Geschichte 2; kurz & klar, Auer; Seite 120, Zeile 14f.

  Andreas Hillgruber, Deutschlands Rolle in der Vorgeschichte der beiden Weltkriege, Göttingen 1967, Seite 68

- Seite 5: Albrecht Sellen: Geschichte 2; kurz & klar, Auer; Seite 120, Zeile 40, 41.
- Seite 7: Albrecht Sellen: Geschichte 2; kurz & klar, Auer; Seite 122, Zeile 43f.
- Seite 8: Der Jugend Brockhaus, Band 2, 2005, Seite 319

- Seite 9: Leo Trotzki: „Pazifist Hitler" erschienen am 30. Dezember 1933 in: »Die Neue Weltbühne«, Nr. 48

  Leo Trotzki: „Pazifist Hitler" erschienen am 30. Dezember 1933 in: »Die Neue Weltbühne«, Nr. 48

  Walther Hofer: „Der Nationalsozialismus" Dokumente 1933-1945, Seite 324ff.

  Nach Kellenbenz, Hermann (1981), S. 462-463 - http://www.sgipt.org/politpsy/finanz/schuldp/hitler.htm#Datenquelle [03.09.2013 18:53]
- Seite 10: Berthold Seewald in „Die Welt" von 23.08.2011 zum Thema „Zweiter Weltkrieg". Druckausgabe, sowie Onlineversion
- Anhang:
- Karikatur: http://www.sragg.de/geschichte/Stundenprotokolle/10c%20-%202006/images/HitlerZweigesicht.jpg [03.09.2013 18:53]
- Wahlzettel: http://i79.photobucket.com/albums/j127/Barnie65/IMG_0002.jpg [03.09.2013 18:53]

# 5. Anhang

Auf dieser Karikatur sieht man Hitler mit zwei verschieden Charakteren. Links schauend vermittelt er den Eindruck das er mit seiner Friedenstaube keinen Krieg möchte. Rechts blickend ist er in Soldatenuniform schwer bewaffnet. Da diese Karikatur schon von 1933 stammt, lässt sich daraus ableiten, dass seine Absichten teils schon durchschau wurden und seine Strategie nicht mehr so gemein ist, wie er selbst angenommen hatte.

*Der Mann mit den zwei Gesichtern*
Karikatur aus 'Le Rempart' (1933)

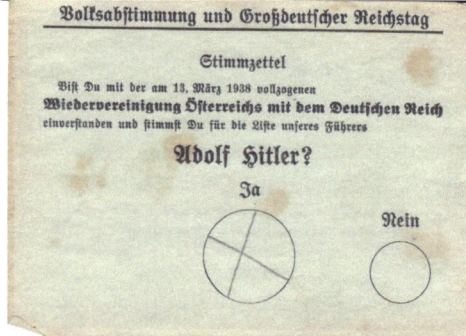

Wahlzettel über die Annektierung Österreichs.

Sofort auffällig ist die Gestaltung des überdimensionalen „JA" und des kleinen „Nein", das lediglich rechts unten am Rande seinen Platz findet. So wird die Wahl maßgeblich beeinflusst.